Lb ^{49} 519

EXPOSÉ

MORAL ET POLITIQUE

DE

LA VIE PRIVÉE.

Il a été déposé à la Préfecture du Gard cinq exemplaires de cet ouvrage, conformément aux lois, sous la sauve-garde desquelles il est placé.

EXPOSÉ

MORAL ET POLITIQUE

DE

LA VIE PRIVÉE,

PRÉCÉDÉ

D'une Dédicace à MM. les Députés du département du Gard ;

D'une Préface de l'Éditeur,

Et d'une Pétition à MM. les Membres de la Chambre des Députés, relative à la liberté de la presse, suivie de Réflexions en forme de projet de loi;

PUBLIÉ PAR UN TYPOGRAPHE.

d leges sine moribus vance
oficiunt ? HOR.

1.er FÉVRIER 1827.

NISMES,

IMPRIMERIE DE GAUDE.

A MESSIEURS

LE MARQUIS DE CALVIÈRES, LE BARON DE CALVIÈRES, LE BARON CHABAUD DE LA TOUR, DE RICARD, LE DUC DE CRUSSOL,

Représentant le Dépt. du Gard,

A

LA CHAMBRE DES DÉPUTÉS.

———

MESSIEURS,

Un écrit empreint de bons principes et d'une morale pure, placé sous vos auspices, doit recevoir un accueil favorable des citoyens honnêtes.

C'est dans cette persuasion, Messieurs, que j'ose prendre la liberté d'inscrire vos noms en tête de cet opuscule.

J'ai l'honneur d'être, avec un profond respect,

Messieurs,

Votre très-humble et très-obéissant serviteur,

CERCELET JUNIOR,

Typographe.

PRÉFACE

DE L'ÉDITEUR.

En publiant cet ouvrage, je n'ai d'autre but que celui de prouver, d'une manière claire, que l'abolition de la liberté de la presse en France serait le plus grand fléau que Dieu pût attirer sur nous. En effet, si quelques méchans esprits profitent de cet avantage pour répandre leurs mauvais principes, combien de sages écrivains, de littérateurs distingués, de savans artistes en usent pour répandre les lumières qu'il a plu à la divine Providence de les douer ! Non, la liberté de la presse ne sera jamais nuisible au bonheur des Peuples ni à la tranquillité des États ; mais il faut des lois répressives de la licence ; il faut surtout que la diffamation, les écrits irréligieux et immoraux soient frappés de l'anathème des honnêtes citoyens ; qu'une loi forte, mais juste, punisse sévèrement les auteurs, éditeurs, et surtout les imprimeurs de pareilles productions.

Plusieurs adversaires du projet de loi sur la presse prétendent que l'imprimeur, dans de grandes entreprises, serait dans l'impossibilité de s'assurer de l'esprit des ouvrages ; ils se trompent : l'imprimeur, en recevant un manuscrit, s'engage à l'imprimer sous la condition qu'il ne renferme rien

de contraire aux lois; l'auteur ac-
cepte ou refuse cette condition; s'il l'accepte, et que, dans le cours
de l'impression, l'imprimeur-chef,
le prote, ou le correcteur recon-
naisse, en lisant la première
épreuve, que l'ouvrage est sus-
ceptible d'examen, on s'arrête,
on en avertit l'auteur ou l'éditeur,
et après de bonnes informations,
on s'assure si l'ouvrage peut être
imprimé sans danger : dans le
cas contraire, l'auteur ou l'éditeur est responsable de tous les
frais faits, et l'imprimeur doit
être autorisé à en obtenir le paie-
ment par toutes les voies de droit.
Quel que soit le nombre des vo-
lumes, les épreuves se lisent feuille
à feuille, et ce serait supposer un
imprimeur bien inepte, si, en lisant

les épreuves, il ne savait apprécier, l'esprit de l'ouvrage. D'ailleurs, s'il en était ainsi, il encourrait la même responsabilité que l'auteur, et cela serait juste. Si les tribunaux sont là pour punir les méchans, ils doivent y être aussi pour apprendre aux hommes à ne pas sortir impunément de leur sphère, lorsqu'il peut en résulter quelque calamité publique.

Les défenseurs du projet crient contre les écrits philosophiques, et prétendent qu'ils doivent être tous engloutis : les extrêmes sont toujours dangereux ; ils enfantent le désordre, et même l'anarchie. Certains philosophes ont voulu transmettre à la masse leur manière de penser sur différens sujets. Les uns l'ont fait de bonne foi, d'autres méchamment, d'autres par ostentation. Quel que soit leur but, on ne peut disconvenir que si leurs écrits contiennent de mauvaises choses, ils en renferment aussi de bonnes. Eh bien! pourquoi tout engloutir! N'est-il pas mieux de réimprimer ce qui est bon, et de laisser le mauvais dans le néant! C'est ce que je fais en publiant cet Exposé moral et politique de la vie privée; il est extrait d'un ouvrage philosophique, qui, réimprimé textuellement, pourrait être nuisible sous plusieurs rapports, tandis qu'il peut produire le plus grand bien, étant publié partiellement.

Voilà en quoi le projet sur la presse est inadmissible, peut-être même inexécutable: c'est qu'il as-

sujétit en même temps le bon et
le mauvais à un droit fiscal exor-
bitant.

Je me suis permis d'adresser à
MM. les Membres de la Chambre des Députés, par l'intermé-
diaire de M. le Baron CHABAUD
DE LA TOUR, leur honorable col-
légue, la pétition et les réflexions
qui suivent cette préface. Puis-
sent-elles être de quelque utilité
en contribuant au rejet de la loi
proposée! Mes vues sont dépouil-
lées de tout intérêt personnel;
c'est le bien général qui me guide:
il sera toujours ma boussole. Il
est douloureux de voir les haines
particulières s'emparer si scanda-
leusement de toutes les circonstances pour assouvir leur ven-
geance : le ministère actuel sem-

ble être appelé à payer la dette de toutes les injustices passées et présentes ; on l'accable d'injures et de malédictions. Hélas ! beaucoup de ceux qui crient si haut aujourd'hui, ne disaient mot sous les précédens ministères, parce qu'ils y trouvaient leur compte ; et d'autres qui criaient alors ne disent mot aujourd'hui, toujours par le même motif. Voilà les hommes ! les mécontens d'aujourd'hui ne s'occupaient pas de ceux qui, autrefois, se trouvaient dans leur catégorie actuelle ; et réciproquement.

Je vais citer, à ces Messieurs, un fait qui m'est personnel, et qui est à l'appui de ce que je viens de dire.

En 1817, je demandai, avec des

droits patens, et dont j'ai encore
les preuves en mains, à remplacer
un imprimeur héréditaire d'un
chef-lieu de département, décédé
sans successeur. De trois imprimeurs, dont deux héréditaires et
un de tolérance, il ne s'en trouvait
plus qu'un seul pour ce chef-lieu
et même pour tout le département.
Eh bien! que fit M. le Ministre
de l'intérieur! Il accorda, à mon
détriment, le brevet héréditaire
vacant, au fils du seul imprimeur
de ce département. De sorte que
le même individu se trouve pos-
sesseur de deux brevets avec un
seul établissement! Le fils auquel
la décision ministérielle accorda
un an pour élever son imprimerie,
n'en a rien fait; il a embrassé la
profession d'avocat! Et cet acte

de justice, *qui m'a ruiné en paralysant mon industrie*, date de l'année 1817.

Je citerai encore un trait qui prouve que les concessions ministérielles ne sont que trop souvent marquées au coin de l'injustice. En 1821 ou 22, un individu, entièrement étranger à l'imprimerie et ne sachant point lire, obtint de remplacer, dans l'une des premières villes du royaume, un imprimeur décédé depuis long-temps, dont le brevet n'était pas transmissible, et ce malgré les réclamations officielles et directes de tous les imprimeurs de cette même ville !!!

J'aurais bien d'autres citations à faire, toutes aussi vraies que celles ci-dessus ; mais mon inten-

tion n'est point de m'étendre ici
en récriminations : oublions le
mal passé, et ne nous occupons
que de ce qui peut contribuer à
nous rendre moins fragiles.

Le ministère, n'en doutons pas,
sera le premier à reconnaître et
à appuyer une nouvelle rédaction
de la loi proposée.

Si cet opuscule obtient du Public l'accueil qu'il semble mériter,
il sera suivi de la publication d'un
autre écrit non moins utile, pourvu
que, d'ici-là, le fatal droit d'un
franc par feuille n'ait pas force
de loi. S'il devait en être ainsi,
je n'aurais qu'un conseil à donner à
mes confrères, celui de nous réunir
au cratère du Vésuve, et de nous
précipiter dans ses gouffres, en
invoquant le nom de notre saint

Patron, qui nous donne à peu près l'exemple d'une méme fin (1).

Je prie le lecteur judicieux de ne point s'arrêter à l'incorrection de mon style, et je l'engage à n'y voir, selon mon intention, que le désir de contribuer à arrêter les maux qui résulteraient d'une fausse mesure : j'aime à croire aussi que mes confrères rendront justice à l'esprit qui me dirige.

---

(1) Saint JEAN-PORTE-LATINE, patron de la Typographie, fut précipité, par les ennemis de notre Sainte Religion, dans une chaudiere d'huile ouillante.

A MM. LES MEMBRES)

DE

LA CHAMBRE DES DÉPUTÉS.

« Tout citoyen est fait pour
» servir sa Patrie ; il lui doit
» ses talens, ses réflexions,
» ses conseils : l'empêcher de
» servir sa Patrie, c'est se dé-
» clarer l'ennemi de la Patrie. »

Messieurs,

Un citoyen obscur, un typogra,
isolé, vient, avec sécurité, vous sou-
mettre des observations dictées par
l'amour de l'ordre, et dont quelques-

unes peut-être seront dignes de mériter votre approbation.

Un projet de loi sur la liberté de la presse vous a été présenté au nom de notre Auguste Souverain; son objet est d'arrêter de scandaleuses publications, et de prévenir les maux qui en sont la suite. Si c'est là l'intention de l'auteur du projet; certes, elle est très-louable.

Mais, vous le savez mieux que moi, Messieurs, il faut faire le bien avec connaissance de cause; et ici, j'ose l'affirmer, l'auteur du projet qui vous est soumis n'est pas un typographe.

Ce n'est point par des injures et une vaine déclamation que je le combattrai; mais avec l'arme de la modération, qui est aussi celle de la raison.

Quoiqu'en disent les adversaires de ce projet de loi, Messieurs, le péril, sous un rapport, est imminent! L'art de l'imprimerie, qui ne devrait être favorable qu'aux lumieres et aux bonnes mœurs, est devenu, dans plus d'une circonstance, l'instrument du vice et des passions de toute espèce. Ce mal, Législateurs, vous devez l'étouffer ! C'est dans l'espoir de vous aider à arriver à ce but, que je vous soumets les réflexions qui font suite à cette pétition, et que j'ai cru devoir réunir en forme de projet de loi.

Puisse, Messieurs, les intentions d'un bon citoyen être de quelque utilité à son pays, et lui mériter l'estime de Vos Seigneuries !

J'ai l'honneur d'être, avec le plus profond respect,

Messieurs les Députés,

Votre très-humble et très-obéissant serviteur,

CERCELET JUNIOR,

Typographe,

Cours-Neuf, n.° 302, à Nismes.

Nismes, le 1.er février 1827.

Réflexions sur la liberté de la presse en forme de projet de loi.

———

1. Nul ne peut exercer l'art d'l'imprimerie, ni la profession de li braire, s'il n'est légalement brevet et assermenté.

2. Tout individu, convaincu d'exer cer ou d'avoir exercé clandestinement depuis la publication de la présent loi, l'art de l'imprimerie, ou la pro fession de libraire, encourra la pein des travaux forcés à perpétuité *

———

* Peut-être se récriera-t-on contr la rigueur de cette peine : dans ce ca je demanderai si l'homme qui imprim dans l'ombre et répand des ouvrag propres à désorganiser la Société, e moins coupable que le faux mon noyeur ?

et sera condamné à une amende de 5,000 fr. à 20,000 fr.

3. La même peine et la même amende seront appliquées à tout imprimeur breveté, qui imprimerait sous le nom d'un de ses confrères et à son insu.

4. Tout auteur, éditeur et imprimeur d'écrits reconnus diffamatoires, ou portant atteinte aux mœurs, à la religion de l'Etat, ou à celles placées par la Charte sous la protection du Gouvernement, seront punis d'une à cinq années de détention, et condamnés à une amende de 1,000 à 5,000 fr.

5. Nul ouvrage ne pourra être mis en vente que vingt-quatre heures après le dépôt, légalement constaté, de cinq exemplaires, à la Préfecture, pour les départemens, et pour la capitale, à la Direction de l'imprimerie et de la librairie.

Après l'expiration de ce délai, l'imprimeur n'encourra plus aucune res=

ponsabilité, et l'ouvrage pourra être mis en vente ; mais la responsabilité de l'auteur, ou de l'éditeur, ne cessera qu'un mois après le jour du dépôt.

6. L'obligation du dépôt n'est point applicable aux affiches, annonces, avis, etc.; en un mot, aux ouvrages désignés, dans l'imprimerie, sous le nom de *bilboquets*, ou *ouvrages de ville*. Désormais aucun de ces ouvrages ne sera soumis au droit de timbre.

7. Les journaux politiques continueront de fournir le cautionnement actuellement établi, et seront affranchis du droit de timbre, moyennant une rétribution de cinq centimes par exemplaire, dont le nombre sera constaté sur le registre d'abonnement.

8. S'il était reconnu et prouvé qu'un plus grand nombre d'exemplaires que celui indiqué par le registre d'abonnement, aurait été tiré, soit pour frustrer le droit de cinq centimes, soit pour toute autre cause, le journal sera supprimé.

9. Les noms des principaux rédacteurs seront imprimés en tête du journal.

10. Dans le cas où un article serait incriminé, le ministere public pourra appeler en responsabilité celui de ces rédacteurs qu'il jugera à propos de désigner, lors même qu'il ne serait point l'auteur de l'article incriminé. *

11. Si l'article est reconnu diffamatoire, ou portant atteinte aux bonnes mœurs, à la religion de l'Etat, ou à celles placées par la Charte sous la protection du Gouvernement, le rédacteur, mis en jugement, encourra la peine et l'amende prononcées par

---

* Comment ! punir un écrivain pour ce qu'il n'a point écrit, dira-t-on; oui, parce qu'en rendant les rédacteurs mutuellement responsables, on établit une surveillance qui préviendra toute espèce de délit. D'ailleurs, on punit bien aujourd'hui le rédacteur responsable pour ce qu'il ne fait pas.

l'art. 4 de la présente loi; les autres rédacteurs seront solidairement responsables de l'amende.

12. Les journaux d'agriculture, de littérature, sciences et arts, sont exempts de timbre et de tout autre droit.

Les noms des principaux rédacteurs seront imprimés en tête du journal

Il sera fait un dépôt de cinq exemplaires qui n'arrêtera pas la publication.

Tout journal de cette nature qui sortira des limites fixées par son titre sera supprimé.

13. Les mémoires d'avocats, les rapports d'experts, et autres écrits de ce genre, ne sont point assujétis au dépôt

14. Toutes les dispositions des loi sur cette matiere qui ne sont pas abrogées par la présente, continueront d'avoir leur exécution.

❖❖❖❖❖❖❖❖❖❖❖❖

EXPOSÉ

MORAL ET POLITIQUE

DE

LA VIE PRIVÉE.

◖●◗

Toute Société politique n'est qu'un assemblage de Sociétés particulières ; plusieurs familles en forment une grande que l'on appelle *Nation*. La Société générale n'ést heu-

reuse, que lorsque les Sociétés particulières dont elle
est composée, jouissent elles-
mêmes de l'harmonie et des
avantanges d'où résulte le
bonheur. Quelles que puissent
être la corruption publique et
la dépravation générale des
mœurs, chaque citoyen, chaque famille, chaque société
particulière ne s'en trouvent
pas moins intéressés à prati-
quer la vertu. Ceux qui prétendent chercher, dans une
perversité générale, des motifs pour justifier leurs déréglemens particuliers, raison-
nent aussi juste que celui qui,
dans un incendie dont sa

maison se trouverait exempte, y mettrait le feu de gaieté de cœur, afin de s'envelopper dans le malheur de ses concitoyens ; ou bien que celui qui chercherait à s'infecter lui-même d'une contagion, dont il verrait périr tous ses voisins.

Plus une Nation est corrompue, plus le citoyen raisonnable prendra de précautions pour se garantir de l'infection publique. Dans l'impossibilité où il est de remédier aux maux de sa patrie, il cherchera du moins à se faire un bonheur domestique, qui lui donnera la force de supporter les infortunes

générales. Sous un mauvais
Gouvernement, il est difficile
d'exercer des vertus publiques;
l'homme de bien, obligé de se
mettre à l'écart, est visible-
ment intéressé à la pratique
des vertus nécessaires pour
s'attirer l'estime, l'attachement et les secours des êtres
dont il est immédiatement
environné. Ainsi il se sentira
fortement intéressé à se mon-
trer époux tendre et fidèle,
père sensible et vigilant, maître équitable, indulgent et
facile, ami sincère, etc. En un
mot, tout homme qui réfléchi-
ra sur le but qu'il se propose
dans toutes ses actions, recon-

naîtra sans peine que, pour
être solidement heureux et
content lui-même, il doit
s'occuper du bonheur et du
contentement des êtres qui
l'entourent.

D'après ces principes, il
sera très-facile de découvrir
nos devoirs dans toutes les
positions de la vie, et de
démêler les motifs que nous
avons de les remplir. Le ma-
riage est la première des Sociétés; c'est celle qui par sa nature influe le plus directement
sur le bien-être de l'homme.
Il ne s'unit à une femme, qu'en
vue d'un bonheur plus grand
que celui qu'il peut se promet-

tre en vivant seul. Indépen-
damment du besoin naturel de
se propager, il espère trouver
dans sa compagne une amie
tendre, dont les intérêts seront
toujours liés aux siens, disposée
à partager avec lui les plaisirs
et les peines de la vie. L'estime et l'amitié sont bien plus
nécessaires que l'amour même au bonheur des époux. Est-
il rien de plus délicieux que
cette heureuse sympathie,
cette conformité de goûts, cette
indulgence réciproque, ces
consolations si douces, qui
font que deux êtres unis déjà
par des liens sacrés s'identi-
fient, se fortifient, se soutien-

nent mutuellement par le désir continuel de se plaire ? L'estime les ramène à l'amour, et l'amour à l'estime.

La possession d'une femme aimable ou vertueuse est, sans doute, la plus douce des possessions ; c'est un être sensible, qui partage à tout moment le bonheur qu'il nous donne et reçoit de nous. Est-il sur la terre de félicité plus pure, que celle que peut donner le commerce habituel de deux époux bien unis, qui lisent réciproquement dans leurs yeux les sentimens d'un amour sincère, la sérénité de la tendresse, l'amitié, l'air assuré de . l i confiance , les douces sollicitudes de l'atten-tion et de l'envie de plaire ? Si quelque nuage s'élève au milieu de ce calme enchan-teur, et l'estime et l'amour l'ont bientôt dissipé.

Telles sont les douceurs que l'homme raisonnable doit se proposer dans l'union conjugale. Vainement les at-tendrait-on de l'argent , qui trop souvent ne fait qu'enivrer et corrompre ceux qui le pos-sèdent. C'est dans les senti-mens honnêtes inspirés par la religion et une éducation ver-tueuse, c'est dans la raison, que l'on peut espérer de trou-

ver les motifs d'un attachement solide ; il n'est point
fait pour ces époux, à l'union
desquels l'intérêt seul a pré-
sidé : il n'est point fait pour
ces esprits frivoles qui ne
voient le bonheur que dans
les plaisirs tumultueux ; il
n'est point fait pour ces époux
pervers que le vice désunit et
rend incommodes les uns
aux autres; enfin, il paraît
romanesque et chimérique à
des êtres corrompus par le
luxe, qui ne se marient que
pour acquérir de nouveaux
moyens de contenter leur vanité, leurs folies et leurs déréglemens.

Héureuse médiocrité! c'est souvent dans ton sein que se trouvent les époux fortunés. C'est là que l'on voit un père vigilant et laborieux, jouir, à côté d'une épouse vertueuse, de la récompense des soins qu'il donne à sa famille. C'est là qu'entourés d'enfans respectueux et tendres, des parens bienfaisans exercent l'empire si juste que donnent la bienfaisance et la bonté paternelles. C'est là que ces enfans soigneusement élevés apprennent à devenir les soutiens de la vieillesse de ceux qui leur ont donné le jour. C'est là qu'une fille, sous les aîles d'une mère vertueuse, apprend à devenir elle-même une mère de famille, et à s'occuper du bonheur de l'époux que le sort lui destine. Enfin c'est là qu'une vie sagement occupée détourne les esprits des idées vicieuses ou des plaisirs bruyans, qui trop souvent sont les écueils de l'innocence et de la félicité domestique.

Que de motifs un père n'a-t-il pas pour aimer ses enfans et pour leur inspirer le goût de la vertu ! Il voit en eux son ouvrage ; en leur donnant le jour, il s'est multiplié lui-même ; il s'est fait des amis, des coopérateurs futurs de son propre bonheur, des êtres dont les intérêts sont invariablement liés aux siens, des sujets et des associés empressés à lui plaire; enfin, en eux il voit d'autres lui-mêmes, destinés à transmettre sa mémoire et son nom à la postérité. Mais ces espérances ne sont que des illusions et des chimères, si, par l'éducation qu'il donne à ses enfans, le père ne sème dans leurs âmes les sentimens qu'il espère y recueillir un jour. Des parens injustes et pervers ne peuvent former que des enfans qui leur ressemblent; ils ne trouveront en eux que des envieux cachés qui rempliront leur vie d'amertumes et qui ne serviront qu'à redoubler pour eux le poids des chagrins de la vieillesse.

S'il y a si peu d'enfans dociles et sages, c'est qu'il est bien peu de parens vertueux et raisonnables. Il faut des mœurs honnêtes, des exemples respectables, une autorité juste et tempérée par la douceur, pour former des enfans attachés et respectueux. Pères et mères, qui voulez former des enfans qui soient un jour pour vous des amis sincères, qui deviennent les

consolateurs et les soutiens
de votre vieillesse , montrez-
leur des vertus; exercez de
bonne heure la sensibilité de
de leurs âmes, approchez-les
de votre cœur; faites-leur
sentir avec tendresse l'intérêt
qu'ils ont de se conformer à
vos désirs; ne les punissez
qu'avec justice; ayez de l'indulgence pour leurs faiblesses;
ne montrez de la sévérité que
pour ces désordres qu'ils vous
reprocheraient un jour d'avoir
trop ménagés. Souvenez-vous
que ce n'est qu'à l'aide de
l'équité et de la bonté, que
vous rendrez supportable le
joug de l'autorité : ce n'est

qu'en cultivant la raison de vos enfans, que vous leur ferez oublier que vous êtes leurs maîtres, et que vous pourrez leur rendre votre joug aimable.

On s'aperçoit communément que l'attachement des pères pour leurs enfans est bien plus tendre, que celui des enfans pour leurs pères. Mais un peu de réflexion suffit pour expliquer ce phénomène. Un père est toujours le bienfaiteur et le maître de son fils; et la dépendance ne peut aimer l'autorité que lorsqu'elle est adoucie par beaucoup de bonté.

La tendresse et les soins des parens peuvent donc seuls

exciter la reconnaissance des enfans. C'est alors qu'un fils bien né s'attendrit à la vue de l'auteur de ses jours ; tout lui rappelle ce qu'il doit à celui qui a secouru son enfance, qui a guidé sa jeunesse, qui l'a rendu membre estimable de la Société, qui lui a fourni les talens et les moyens nécessaires pour le soustraire à l'ennui et aux vices dont il voit tant de victimes. Pénétré de ces idées, il consolera la vieillesse d'un père que tout lui montrera comme la source de son bien-être, il donnera des soins empressés à celle dont le sein l'a porté, qui a soulagé avec bonté les incommodités de son enfance importune. Quels droits ne conservera pas sur le cœur d'un enfant bien né une mère respectable, qui s'est tendrement occupée de sa conservation et de ses jeux innocens? Quel est le fils assez dénaturé pour voir d un œil sec les larmes d'une mère, ou les infirmités d'un père, dont la bouche lui a donné les premières leçons de la sagesse ?

Si le luxe, la dissipation, la corruption des mœurs parviennent à briser les liens nécessaires et sacrés, faits pour unir ensemble les pères

et les enfans, si ceux-ci ne
vivent communément ensem-
ble que comme des étrangers,
des indifférens, des ennemis,
on ne doit pas être étonné de
voir le peu d'union qui sub-
siste trop souvent entre les
membres d'une même famille,
et de trouver presque par-
tout les liens du sang totalement méconnus. Une famille
n'est pour l'ordinaire qu'une
Société particulière composée
de gens mal-intentionnés,
envieux, dont les intérêts,
au lieu de se réunir, se com-
battent de front; qui, forcés
d'essuyer fréquemment les
effets incommodes de leurs

passions, de leurs défauts,
de leurs folies réciproques,
ont d'ordinaire les uns pour
les autres bien moins d'attachement que pour les étrangers, dont les défauts sont
moins connus ou mieux cachés.

Plus une Nation est corrompue, et plus les membres
d'une famille devraient se rap-
procher, afin de travailler de
concert à leur félicité particulière, et de résister aux
coups du sort. Une famille
bien unie annonce un assemblage d'hommes honnêtes et
raisonnables; c'est le vice et
la déraison qui mettent la di-
vision entre les membres d'une

société, que leur intérêt devrait toujours tenir unis. Sans équité, sans indulgence, sans désir de plaire, sans égards, des personnes que le sort a placées à côté les unes des autres, ne peuvent tarder à se blesser réciproquement. Ces dispositions, nécessaires pour vivre avec agrément avec tous les êtres de notre espèce, le deviennent encore bien plus entre des parens qu'une fréquentation familière met à portée de se voir de plus près que les autres.

Les malheurs supportés, soulagés, partagés par un grand nombre de personnes, deviennent plus légers. Les infortunes ne sont pas sans remède pour les membres d'une famille bien unie ; le riche y secoure le pauvre ; le sage aide les autres de ses conseils ; l'homme en crédit soutient les faibles, tous forment un rempart contre les attaques de l'adversité. Les grands, les riches, les hommes puissans sentent très-peu les avantages qui résultent de l'union des familles ; elle se trouve plus communément dans la médiocrité ; les hommes d'une classe ordinaire sentent bien mieux que ceux d'un ordre plus élevé, le besoin qu'ils ont les uns des autres ; une heureuse habitude leur montre dans leurs proches, des amis donnés par la nature, dont ils ont intérêt de ne point se priver.

L'effet ordinaire du luxe, de l'opulence et de la grandeur, est d'endurcir le cœur. L'homme vain n'a point d'entrailles ; les richesses les plus amples ne peuvent suffire aux dépenses que le faste change en besoins. L'orgueil du riche rougit à la vue de parens pauvres ; la nécessité de représenter ne lui laisse jamais de superflu ; il préfère le futile avantage de briller, au plaisir de tendre

une main secourable à ses proches ; il les immole sans pitié
à des flatteurs, à des parasites
inconnus , à de prétendus
amis qui le trompent et le
dévorent.

On se plaint tous les jours
de la rareté des amis vérita-
tables. Mais dans une nation
composée d'êtres vains, frivoles et vicieux, qui ne se lient
que dans la vue du plaisir, qui
n'ont besoin que d'approba-
teurs de leurs déréglemens,
qui se font des amis, sans se
donner la peine de les connaî-
tre, qui sont peu susceptibles
d'un attachement durable,
comment trouverait-on des

liaisons solides ? Les grands
et les riches, en général, ne
cherchent qu'à briller ; ils ne
sont attachés qu'à leur folle
vanité ; ils ne veulent que des
complaisans, des âmes basses,
des adulateurs, des admira-
teurs de leurs goûts. Des hommes de cette trempe les ai-
dent à dissiper une fortune,
dont ils sont incapables de
faire un usage sensé. Les méchans n'ont point d'amis,
ils n'ont que des complices.
Les insensés n'ont point d'amis,
ils n'attachent à leur sort que
des fourbes intéressés à profi-
ter de leurs folies. Des hommes incapables d'aimer et de

sentir le mérite et la vertu, ne peuvent être entourés que de gens méprisables, qui les méprisent eux-mêmes en profitant de leur sottise.

L'amitié véritable ne peut être fondée que sur les talens, le mérite et la vertu. Si les amis sincères sont peu communs dans le monde, c'est qu'il est très-peu de gens qui soient dignes d'en avoir, ou qui connaissent le prix de l'amitié véritable. Dans une nation vicieuse, on ne veut que des hommes agréables, légers, amusans. Mais le flatteur hypocrite, l'ami de la fortune, le vil parasite, le

compagnon de nos débau-
ches, le convive enjoué,
l'homme à la mode, sont-ils
des êtres capables de nous
consoler dans nos peines, de
nous aider de leurs conseils,
de nous servir utilement dans
des circonstances épineuses ?
On ne voit si peu d'amis, que
parce qu'on a la folie de pros-
tituer le nom sacré de l'amitié
à une foule d'hommes, qui
n'ont aucune des qualités
nécessaires pour le mériter.
Un ami, dans le langage vul-
gaire, est un homme qu'on
voit souvent, et qui n'a quel-
quefois aucune des qualités
que l'on doit estimer.

Vous vous plaignez de vos amis; vous êtes surpris de voir qu'ils vous quittent en même temps que le crédit, la puissance ou la fortune vous abandonnent. Mais est-il donc bien sûr que vous ayiez eu des amis? Avez-vous mérité d'en avoir? Vous êtes-vous donné la peine d'examiner ce qui attirait près de vous, des hommes à qui vous avez si libéralement prodigué le nom d'amis? Grands de la terre, riches fastueux et vains, hommes parvenus, ceux que vous avez pris pour vos amis n'étaient que les amis de votre rang, de votre fortune, de votre pouvoir, de

vos festins splendides, des
plaisirs variés, que vous pou-
viez leur procurer : privés une
fois de toutes ces choses, vous
n'êtes plus rien à leurs yeux.
Vous vous êtes ruinés, vous
avez follement sacrifié votre
bien-être réel et celui de vos
enfans, à des hommes méprisables qui, au moyen des
complaisances, des bassesses
et des flatteries dont ils vous
ont repus, comptent vous
avoir très-amplement payés
des dépenses que vous avez
faites pour eux, ou plutôt des
folies qui n'avaient pour objet
réel que votre vanité.

Tout le monde convient de

la rareté des vrais amis; et cependant chacun se flatte d'être lui-même une exception à la régle, et de posséder exclusivement des amis incomparables : l'amour-propre lui persuade, sans doute, qu'il doit faire des enthousiastes. Ainsi beaucoup de gens, après s'être fait des amis imaginaires, auxquels ils supposent la chaleur qu'ils désirent, sont surpris de voir qu'ils se sont trompés, qu'ils n'ont eu que des ennemis, des jaloux, des envieux.

L'ami de tout le monde n'est l'ami de personne. L'amitié est un sentiment sérieux et

réfléchi dont des êtres incons-
tans et légers ne sont point
susceptibles. Un ami véritable
est un trésor uniquement des-
tiné pour l'homme de bien
qui en connaît le prix. Son
ami n'est pas celui qui le flatte
ou l'amuse, c'est celui qui lui
donne des conseils utiles, qui
le fortifie, qui le console des
malheurs de la vie, qui l'aime
pour lui-même, c'est-à-dire,
pour les qualités de son esprit
et de son cœur, et non par
des vues basses ou pour des
avantages que le hasard peut
ravir à chaque instant, et
qu'il accorde bien plus souvent
à des hommes sans mérite et

sans vertus, qu'aux gens vraiment capables d'en jouir.

La chaleur douce de l'amitié n'est point faite pour le sein glacé de la grandeur altière que son orgueil rend communément insensible : elle n'est point faite pour le cœur gâté de l'homme corrompu par le vice : elle n'est point faite pour l'imagination enivrée de l'homme qu'entraînent des passions aveugles : elle n'est point faite pour l'esprit volage de l'homme qui ne cherche qu'à s'amuser ; elle n'est pas faite pour le fat qui, rempli de lui-même, ne peut s'attacher à personne : elle n'est point faite pour des enfans dissipés que la folie rassemble, et que les moindres jouets divisent. L'amitié sincère et solide est faite pour l'homme solide et vrai; il trouve en elle des charmes inconnus de ces êtres futiles et malins, dont le tourbillon du monde est rempli. Elle l'aide à supporter les chagrins de la vie; elle le console des duretés d'un Gouvernement injuste; elle le fortifie contre les coups de l'adversité; elle le dédommage de l'injustice des hommes.

Tout nous prouve donc qu'au milieu de la corruption générale, l'homme de bien,

forcé de se concentrer en lui-
même, est encore à portée de
jouir d'une foule d'avantages,
de plaisirs purs, de biens solides, dont des hommes in-
considérés et méchans sont
totalement privés. Il goûte à
chaque instant la satisfaction
si douce, dé rencontrer la
consolation et la tendresse
dans une femme empressée à
lui plaire, dans des enfans qui
répondent à ses vœux, dans
ses proches, dans l'ami fidèle
et discret qu'il rend déposi-
taire des secrets de son cœur.
Tout est jouissance pour le
sage, l'homme frivole ou mé-
chant ne sait jouir de rien.

L'hommejusteetsensible ne néglige pas le bien-être de ses serviteurs. Tandis que *l'homme hautain* avilit les siens par ses mépris et son inhuma-nité ; tandis que *l'homme vain* se plaît à leur faire sentir dure-ment son empire et s'en fait des ennemis, le sage, qui connaît les droits de l'huma-nité, respecte son semblable, cherche à rendre au malheu-reux les chaînes de la servi-tude plus légères. Il voit en eux des hommes utiles à son bien-être et non pas des es-claves qu'il puisse mépriser ou maltraiter : il les traite donc avec douceur; avec in-

dulgence et bonté, il en fait
des amis que leur attachement rend zélés; il sait qu'un
bon valet est un trésor pour
son maître; que la bienfaisance a des droits sur les âmes
les plus incultes et les plus
grossières. Combien de serviteurs qui ont donné à leurs
maîtres des preuves de cou-
rage, de grandeur d'âme, de
noblesse, dont les hommes
les plus élevés se sentiraient
incapables! Ce sont les injustices, les duretés et les vices
des maîtres, qui font tant de
mauvais serviteurs; on les
avilit, on les corrompt par
son exemple, et l'on est tout

surpris de les trouver vils, corrompus, intéressés, vicieux.

Est-il rien de comparable au bien-être et au contentement que peut se procurer chaque jour l'homme de bien qui jouit de l'opulence? Quelles douceurs n'est-il pas à portée de goûter, lorsque la nature et l'éducation l'ont doué d'une âme bienfaisante? La dissipation des villes peut-elle donc lui fournir des plaisirs aussi purs que celui de créer l'abondance, l'industrie, le bonheur dans les champs de ses pères? Est-il un tableau plus touchant, que de voir un grand-qui, dans les possessions de ses ancêtres, vit au milieu de ses vassaux, dont chacun le regarde comme son bienfaiteur et son père ; qui rencontre par-tout les yeux attendris de la veuve, de l'indigent, du malheureux que sa main a secourus ; dont les oreilles retentissent à tout moment des bénédictions et des vœux du cultivateur que ses libéralités ont placé dans l'aisance? Enviera-t-il alors à ses pareils le méprisable avantage d'intriguer dans une cour, de briller par un faste puéril, de ramper indignement dans une antichambre?

Que peut-il manquer à la félicité du sage, favorisé de la fortune, quand l'éducation qu'il a reçue lui fournit encore, pour toute sa vie, les moyens de remplir agréablement par l'étude les intervalles que lui laisse l'exercice de ses vertus? Quels amusemens peuvent être comparés au plaisir toujours nouveau, de lire dans le livre immense de la nature, qui à chaque. pas lui présente des spectacles dignes d'intéresser sa curiosité? Quelle occupation plus douce et plus diversifiée que celle que fournit à l'esprit exercé, la mé-

ditation de l'homme, des .
scènes si variées du monde
moral, des tableaux de l'his-
toire? Si le désœuvrement et
l'ennui sont les sources des
vices et des tourmens de tant
d'êtres frivoles et pervers dont
le monde est rempli, l'homme, qui de bonne heure a
contracté l'habitude de penser,
n'échappe-t-il pas, quand il
veut, à l'empire de ces deux
tyrans de la vie ? Est-il des
momens vides ou pénibles
pour un être dont la conscience satisfaite jouit d'une
paix inaltérable, qui rentre à
tout moment avec plaisir en
lui-même ; qui, assuré d'avoir

mérité l'estime et l'attachement des êtres qui l'environ-
nent, a le droit de s'estimer et
d'être content de sa conduite;
qui, dans chaque instant de
sa durée, trouve des moyens
de réveiller dans son propre
cœur l'affection naturelle qu'il
a pour lui-même, par l'exercice d'une justice, d'une
bonté, d'un bienfaisance con-
tinuelles? Ces heureuses dispositions, en lui faisant sa-
vourer tous les momens de sa
vie, le conduisent paisible-
ment vers un terme qu'un
vrai Chrétien est fait pour en-
visager sans crainte.

Tels sont pourtant les

plaisirs aussi purs que solides que méconnaissent et que dédaignent tant d'hommes favorisés de la fortune, qui mettent follement leur bien-être à se distinguer par leur luxe, par leur faste puéril, par un appareil imposant, incapable de remplacer le bonheur que des mœurs honnêtes sont seules en droit de procurer.

Que dis-je ? du fond même de la tombe, l'homme de bien exerce encore son pouvoir sur les hommes. Son cercueil est arrosé des pleurs sincères de sa femme, de ses enfans, de ses amis, de ses concitoyens. La perte d'un homme vertueux est une perte publique. Il a joui de son vivant des effets qu'il doit produire. Il a prévu les regrets que son trépas devait causer. Il a vu dans sa propre conscience, et la tendresse durable et les monumens que ses vertus ont élevés dans tous les cœurs.

FIN

www.ingramcontent.com/pod-product-compliance
Lightning Source LLC
Chambersburg PA
CBHW070938280326
41934CB00009B/1921